SUCCESSION DE M. DE L.

VENTE APRÈS DÉCÈS

A la requête de M: LECOUTURIER, Administrateur-Judiciaire

COLLECTION CHINOISE

BRODERIES CHINOISES

OBJETS DIVERS

Textes chinois & Livres bouddhiques

IMPRIMÉS EN CHINE

Livres relatifs à la Chine, à l'Inde, etc.

LA VENTE AURA LIEU

Le Samedi 2 Février 1907, à 3 heures

HÔTEL DES COMMISSAIRES-PRISEURS, RUE DROUOT

Salle n° 8.

Mᵉ PAUL BIZOUARD	M. ERNEST LEROUX
COMMISSAIRE-PRISEUR	EXPERT
Rue Duphot, 18	Rue Bonaparte, 28

EXPOSITION PUBLIQUE AVANT LA VENTE

De 1 heure à 2 heures.

CONDITIONS DE LA VENTE

La vente sera faite au comptant.

Les acquéreurs paieront dix pour cent en sus des enchères.

Les personnes qui désireraient collationner à l'avance les livres, et notamment les textes chinois, sont priées de s'adresser à M. Leroux.

Aucune réclamation ne sera admise après l'adjudication.

COLLECTION CHINOISE

ÉTOFFES

ET

BRODERIES CHINOISES

Une Centaine de pièces.

1. **Pectoraux**. Ornements des robes officielles des manda-
rins civils et militaires (oiseaux brodés pour les premiers,
quadrupèdes pour les seconds).

Manches de robes.

Appliques.

Bandes brodées de dimensions diverses.

Pièces de costumes.

Étuis de miroir.

KAKÉMONO

2. Belle peinture chinoise représentant le Bouddha éternel, avec une inscription sino-sanscrite en caractères d'or. En une boîte en bois.

REQUÊTE A L'EMPEREUR

3. Fragment en belle calligraphie ponctuée. Format in-folio, en paravent.

OBJETS DIVERS

4. Boîte de 10 bâtons d'encre de Chine, décorés de dessins en relief représentant des paysages montagneux.
5. Besicles chinoises, en cristal de roche fumé, dans un étui.
6. Cachets chinois en cuivre, 2 pièces. — Bâtonnets de table. — Pantoufles chinoises. — Bracelet en bois dur. — Boussole chinoise. — Amulettes et statuette bouddhique en cuivre.
7. Brûle-parfums en cuivre. — Foudre. — Statuette en bois.
8. Bas-reliefs bouddhiques, 4 pièces.
9. Un poignard japonais en ivoire.
10. Cartes postales, scènes populaires en couleur.
11. Une jumelle.
12-13. Malles chinoises.

TEXTES CHINOIS

Imprimés en Chine

LIVRES CANONIQUES — PHILOSOPHIE CHINOISE
OUVRAGES BOUDDHIQUES
GÉOGRAPHIE — GRANDS DICTIONNAIRES, ETC.

---

14. CHE SAN KING TCHOU SOU. *Les Treize King* ou livres cano-
niques, avec les commentaires. Réimpression de l'édition
faite sous la dynastie des Song. 160 *pèn* in-8 (non collationné) (1).

---

15. TCHOU TSEU TS'IUAN CHOU. Œuvres complètes du philosophe
Tchou Hi, publiées par ordre impérial en 1713, 32 *pèn*
gr. in-8.

16. LAO TSEU TAO TO KING. Le livre de la raison suprême,
avec commentaires, 2 *pèn* en 1 vol. in-8, demi-reliure.

17. NAN HOUA KING. La fleur du midi, par le philosophe
taoïste Tchouang tseu, 6 *pèn* en 1 vol. in-8, d.-r.

18. TCHOUANG TSEU. Philosophie taoïste, 1 vol. in-8, demi-
reliure.

(1) Les ouvrages portant la mention *non collationnés* sont vendus
sans garantie et sans rapport.

19. Grande collection des philosophes chinois. Édition de Nanking. 83 *pèn* gr. in-8 (non collationné.

20. TSEU CHE TS'ING HOUA. Anthologie des philosophes et des historiens. 160 livres en 4 recueils, entre planchettes (non collationné).

---

21. YI TS'IE KING YIN YI. Dictionnaire chinois des termes bouddhiques. Édition japonaise, 100 livres en 50 *pèn* in-8. Avec supplément de 5 *pèn* in-8.

Yih Ts'ee king yin é. in 26 books, written by the priest Heuén-ying, in the middle of the 7th century, is an explanation of all the foreign technical terms found in the works translated from the sanskrit, with an examination of the correct sounds. (Wylie. *Notes*, p. 169.)

22. FAN YI MING YI TSI. Concordances des noms bouddhiques. 6 *pèn* en 1 volume in-8, demi-reliure.

This work is an explanation of the meaning of sanskrit proper names occurring in the Buddhist books. It was finished in 1143 by a priest named Fa-yun. (Wylie. *Notes*, p. 168.)

23. KAO SENG TCHOUAN. Biographies des religieux éminents. 3 recueils en 22 *pèn* en 5 volumes in-8, demi-reliure. Wylie. *Notes*, p. 167.)

24. TS'ING T'OU CHENG HIEN LOU. Ouvrage bouddhique en 10 livres, rédigé par P'eng Hi-sou, en 1783. 6 *pèn* en 1 vol. in-8, demi-reliure.

A biographical collection of noted adherents of the Tsing T'oò branch of Buddhism, the origin of which is traced to Nepal or Northern India. (Wylie. *Notes*, p. 172.)

25. KIAO TCH'ENG FA CHOU. 12 livres en 6 *pèn* en 1 vol. gr. in-8, demi-reliure.

This work, written by the priest Yuén-tsing in 1431, is an explanation of all the numeral expressions used conventionally in the Buddhist phraseology. (Wylie. *Notes*, p. 469.)

26. A MI T'O KING TOU TCH'AO YEN YI (en sanscrit : Amitabha sutra) avec commentaires. Belle édition de Sou-tcheou, avec figures. 4 *pèn* gr. in-8.

27. MIAO FA LIEN HOUA KING (Saddharma Pundarika), un
des principaux livres de la secte Ten-t'aï. 3 *pên* en 1 vol.
in-8 demi-reliure. (Wylie. *Notes*, p. 168.)

28. CHAN MEN JE TONG. Ouvrage bouddhique. 1 *pên* gr. in-8.

29. Autre édition. Neuf. 1 *pên* gr. in-8.

30. Ouvrages bouddhiques chinois. 15 volumes divers.

---

31. CHAN HAI KING. Le livre des montagnes et des mers, avec
commentaire. Ouvrage de géographie fabuleuse, composé
à une époque fort reculée. 1 vol. in-8, nombreuses et cu-
rieuses figures.

32. TOU CHE TANG YU KI YAO. Géographie historique. 56 *pên*
in-8 (non collationnés).

2 *pên* piqués de clous.

Written by Kou Tsou yu, in 4 books. It is a record of geographical
changes which have taken place in China from the earliest times
down to the 17° century, intended as a guide to the perusal of the
native histories. It was published in 1667. (Wylie. *Notes*, p. 51.)

33. TA T'ANG SI YU KI. Notice sur les pays occidentaux sous
la dynastie T'ang. Édition japonaise. 6 *pên* gr. in-8.

34. Carte de la Chine ancienne à l'époque de Tch'ouen-ts'ieou.
— Carte de la Chine moderne. — Plan de Péking, etc..
5 pièces.

35. T'IE LOU TCHANG TCH'ENG YAO TAN. Règlements des chemins de fer. 2 *pên* in-12, cartonnage chinois.

---

36. CHOUO WEN TCHES PEN. Dictionnaire étymologique des
anciens caractères chinois, composé par Hiu Chen vers la
fin du premier siècle de notre ère. 6 *pên* en un volume
in-8, demi-reliure.

37. CHOUO WEN KIN TOU. Le dictionnaire Chouo-wen, par
Hiu Chen. 4 vol. in-8, demi-reliure.

38. P'ei wen yun fou. Dictionnaire des citations poétiques, publié en 1711, sous la direction de l'Empereur. Réimpression photographique en 6 vol. in-8, demi-reliure.

Le *P'ei wen yun fou*, dictionnaire de phrases et de citations, offre des modèles tirés des meilleurs auteurs ; il est particulièrement destiné à l'explication des expressions métaphoriques usitées dans la poésie chinoise.

39. Y'un fou che yi. Citations omises dans le répertoire tonique. Supplément au dictionnaire *P'ei wen yun fou*, 20 *pèn* gr. in-8.

40. Ts'ao tseu houei. Dictionnaire des caractères *ts'ao* (herbacés), 6 *pèn* en 1 volume in-8, demi-reliure.

41. Tseu houei. Dictionnaire chinois, par Mei Ying-tsou. 4 *pèn* in-8.

42. Tcheng tseu t'ong. Recueil complet des caractères corrects. Dictionnaire suivant l'ordre des radicaux. 4 vol. in-8, demi-reliure, une éraflure de clou dans la marge de 2 *pèn*.

43. K'ang hi tseu tien. Le grand dictionnaire publié par ordre de l'empereur K'ang hi. Édition ancienne. 6 vol. gr. in-8, demi-reliure.

44. K'ang hi tseu tien. Le dictionnaire de K'ang hi. Réimpression photographique. 6 *pèn* en 1 vol. in-8, demi-reliure.

45. Fen yun tso yao. Choix des mots les plus essentiels rangés par ordre tonique. Dialecte de Canton. 4 *pèn* en 1 volume in-12, d.-mar.

46. Sseu k'ou ts'iuan chou kien ming mou lou. (Les quatre magasins.) Grande bibliographie impériale. Réimpression photographique en 4 vol. in-12, demi-reliure.

47. T'ong wen pien lu. Correspondance épistolaire. 2 *pèn* sur papier blanc, en 1 vol. in-8, perc.

48. Ouvrages relatifs à la Chine et textes chinois, un lot.

OUVRAGES RELATIFS A LA CHINE, A L'INDE, etc.

49. ALABASTER (E.). Notes and commentaries on chinese criminal law. *London*, 1899, in-8, perc.

50. Annales du Musée Guimet. Tome II. *Paris*, 1881, in-4. br.
Textes sanscrits découverts au Japon. — Analyse du Kandjour et du Tandjour, etc.

51. BARTH (A.). Les religions de l'Inde. *Paris*, 1879, in-8, d.-r.

52. BEAL (S.). A catena of buddhist scriptures from the chinese. *London*, 1871, in-8, cart.

53. BELLOWS. Anglo-french pocket dictionary. In-16, reliure molle.

53 *bis*. BILLEQUIN (A.). Dictionnaire français-chinois. *Peking*, 1891, in-4, d.-chagr.

54. BIOT (Ed.). Dictionnaire des noms anciens et modernes des villes et arrondissements de l'Empire chinois. *Paris*, 1842, in-8, d.-r.

55. BOUCHER (H.). Boussole du langage mandarin. 3ᵉ édition. *Zi-ka-wei*, 1900-1901, 2 tomes en un volume in-8, d.-r.

56. BOULGER (D.-C.). The history of China. New edition. *London*, 1898, 2 vol., in-8, planches, cart.

57. BUNYIU NANJIO. A catalogue of the chinese translation of the buddhist Tripitaka. *Oxford*, 1883, in-4, d.-r.

58. BURNOUF (E.). Introduction à l'histoire du buddhisme indien. *Paris*, 1876, gr. in-8, br.

59. CHAVANNES (Ed.). Les religieux éminents qui allèrent chercher la loi dans les pays d'Occident, par I-tsing, trad. du chinois. *Paris*, 1894, in-8, br.

60. CHAVANNES (Ed.). Les mémoires historiques de Se-ma tsien traduits et annotés. Tome Iᵉʳ. *Paris*, 1895, in-8, br.

61. CHILDERS (R.-C.). Dictionary of the pali language. *London*, 1875, gr. in-8, perc. (réimpression).

62. Corean words and phrases, a handbook and pocket dictionary. *Seoul*, 1897, in-8, br.

63. COUVREUR S., Dictionnaire français-chinois, comprenant les expressions les plus usitées de la langue mandarine. *Hokienfou*, 1884, in-8, d.-r.

64. COUVREUR S., Dictionnaire chinois-français. *Hokienfou*, 1890, in-4, 1100 pages, d.-r.

65. COUVREUR, Guide de la conservation français-anglais-chinois. *Hokienfou*, 1904, in-8, dem.-m r. rouge.

66. DEBESSE A., Petit dictionnaire français-chinois et chinois-français. *Changhaï*, 1900-1901, 2 tomes en 1 vol. in-12, reliure molle exemplaire de travail.

67. Dictionnaire chinois-français de la langue mandarine parlée dans l'ouest de la Chine, avec un vocabulaire français-chinois, par plusieurs missionnaires du Se-tchouan. *Hongkong*, 1893, in-4, cart.

68. DOUGLAS R.-K., Confucianism and taoism. — Sterling Berry, Christianity and buddhism. — Rhys Davids, Buddhism. *London*, 3 vol. in-12, perc.

69. DYER BALL, Things chinese. 3e édition. *London*, 1900, in-8, perc.

70. EDKINS J., Chinese buddhism. Second edition. *London*, 1893, in-8, perc.

71. EDKINS J., Chinese currency. *Shanghaï*, 1901, in-8, d.-r.

72. EITEL E.-J., Handbook for the student of chinese buddhism. *Hongkong*, 1870, in-8, d.-r.

73. EITEL E., Handbook of chinese buddhism, being a sanscrit-chinese dictionary. Second edition. *London*, 1888, in-8, d.-r.

74. ÉTIENNE Zi, Pratique des examens littéraires en Chine. — Pratique des examens militaires. *Changhaï*, 1894-96, 2 tomes en 1 vol. in-8, d.-r. (Variétés sinologiques, 5 et 9).

75. FEER Léon, Fragments extraits du Kandjour, traduits du tibétain. *Paris*, 1883, in-4, br.

76. Foucaux. Rgya Tcher Rol Pa. Histoire du Bouddha Cakya Mouni. Texte tibétain. *Paris*, 1847, in-4, br.

77. Foucaux. Le Lalita Vistara, contenant l'histoire du Bouddha Cakya Mouni. Traduction française. *Paris*, 1884, in-4, planches, br.

78. Foucaux. Grammaire tibétaine. *Paris*, 1858, in-8, d.-r.

79 Gaztelu. Petit dictionnaire français-chinois. *Hongkong*, 1900, in-12, d.-r.

80. Giles (H.-A.). A chinese-english dictionary. *Shanghaï*, 1892, in-4, 416 pages, d.-r.

81. Giles (H.-A.). A chinese biographical dictionary. *Shanghaï*, 1898, in-8, d.-r.

82. Giles (H.-A.). A glossary of reference on subjects connected with the Far East. *Shanghaï*, 1900, in-8, d.-r.

83. Giles (H.-A.). History of chinese literature. *London*, 1901, in-8, perc.

84. Hart (Sir Robert). « These from the land of Sinim ». Essays on the chinese question. *London*, 1903, in-8, perc.

85. Henderson (V.-C.). Tibetan manual. *Calcutta*, 1903, gr. in-8, perc.

86. Humbert (G.). Traité complet des chemins de fer. *Paris*, 1891, 3 vol. gr. in-8, fig., d.-r.

87. I-Tsing. A record of the buddhist religion, as practised in India and the malay archipelago. Translated by J. Takakusu. *Oxford*, 1896, in-4, carte, perc.

88. Jaeschke (H.-A.). Tibetan-english dictionary... and english-tibetan vocabulary. *London*, 1881, in-8, perc.

89. Julien (S.). Histoire de la vie de Hiouen-thsang et de ses voyages dans l'Inde, traduite du chinois. *Paris*, 1853, in-8, br.

90. Julien (S.). Méthode pour déchiffrer et transcrire les noms sanscrits qui se rencontrent dans les livres chinois. *Paris*, 1861, in-8, d.-r.

91. Julien (S.). Mélanges de géographie asiatique et de philologie sinico-indienne. Tome I (seul paru). *Paris*, 1864, in-8, d.-r.

92. Karmarsch. Dictionnaire technologique français-allemand-anglais et anglais-allemand-français. *Wiesbaden* 1878, 1887, 2 vol. in-8, d.-r.

93. Kern. Histoire du bouddhisme dans l'Inde. Trad. par G. Huet. *Paris*, 1901, in-8, br.
Légère piqûre aux premiers feuillets.

94. Körös (Alex. Csoma de). Grammar of the tibetan language. *Calcutta*, 1834, in-4, d.-r.

95. Kwong Ki Chiu. English and chinese dictionary. *Shanghaï*, 1887, in-8, d.-r.

96. Lavallée-Poussin (Louis de). Bouddhisme. Études et matériaux. Adikarmapradîpa Bodhicaryâvatâratikà. *London*, 1898, in-4, br.

97. Le Gall (S.). Le philosophe Tchou-hi, sa doctrine, son influence. *Changhaï*, 1894, in-8, d.-r. (Var. sinol. 6.)

98. Legge (James). The chinese classics. Vol. I. Confucian analects, the great learning, etc. *Oxford*, 1893, gr. in-8, cart. — Vol. II. The works of Mencius. *Hongkong*, 1861, gr. in-8, d.-r. (annoté).

99. Lillie (A.). Buddha and buddhism. *Edinburgh*, 1900, in-8, perc.

100. Mayers (W.-F.). Chinese reader's manual. *Shanghaï*, 1874, in-8, perc.

101. Mayers (W.-F.). The chinese government a manual of chinese titles. Second edition. *Shanghaï*, 1886, in-8, d.-r.

102. Monier Williams. Sanskrit-english dictionary. New edition. *Oxford*, 1899, in-4, d.-r.

103. Oldenberg (H.). Le Bouddha, sa vie, sa doctrine, sa communauté. Traduit par Foucher. *Paris*, 1894, in-8, cart.

104. Pétillon (Corentin). Allusions littéraires. Première série. *Changhaï*, 1895-1898, 2 tomes en un vol. in-8, d.-r. (Variétés sinologiques, nos 8, 13.)

105. Premare (J.-H.). Notitia linguæ sinicæ. *Hongkong*, 1893, in-8, d.-r.

106. Ryauon Fujishima. Le bouddhisme japonais. *Paris*, 1889, in-8, br.

107. Spence Hardy. A manual of buddhism, translated from singhalese mss. *London*, 1880, in-8, perc.

108. Stent (G.-C.). Chinese english vocabulary in the Pekinese dialect. *Shanghaï*, 1871, in-8, cart.

109. Takakusu. A pâli chrestomathy. *Tokyo*, 1900, in-8, cart.

110. Vaman Shivram Apte. The student's english-sanskrit dictionary. *Bombay*, 1893, in-8, perc.

111. Watters (T.). Essays on the chinese language. *Shanghaï*, 1889, in-8, d.-r.

112. Wells Williams. English and chinese vocabulary, in the Court dialect. *Macao*, 1844, in-8, d.-r.

113. Whitney (W.). A sanskrit grammar. *Leipzig*, 1879, in-8, d.-r.

114. Whitney (W.-D.). The roots, verb-forms... of the sanskrit language. *Leipzig*, 1885, in-8, d. r.

115. Wieger (Léon). Rudiments du parler chinois. Premier volume en 2 tomes. Seconde édition, 1899, 2 vol. in-12, d.-r. — Douzième volume. Première partie : caractères. Deuxième partie : lexique 1900, 2 vol. in-12, reliure molle. Ensemble 4 volumes.

116. Wong (Th.). Chronological tables of the chinese dynasties. Edited by prof. E.-R. Lyman. *Shanghaï*, 1902, in-8, cart.

117. Wylie (A.). Notes on chinese literature. New edition. *Shanghaï*, 1904, in-8, d.-r.

118. Livres sanscrits et ouvrages divers. 2 lots.